MÁS ALLÁ
DE LA MIRADA
Poemas para soñar

Juan Galve Gilabert

COLECCIÓN ITES

MÁS ALLÁ DE LA MIRADA.
POEMAS PARA SOÑAR

© Juan Galve Gilabert
© de esta edición: Olé Libros, 2025

ISBN: 978-84-10053-55-7
Depósito legal: V-245-2025
Impreso en España

KALOSINI, S. L.
Grupo editorial olé libros
equipo@olelibros.com
www.olelibros.com

Soñé que estaba vivo...
y seguí soñando

Nota del autor

En *Más allá de la mirada,* la etapa de creación ha sido más pausada que en poemarios precedentes. He implementado recursos que requieren mayor meditación, lo que ha dado como resultado una evolución, tanto en la expresión como en la modulación.

Los trabajos los he encuadrado en secciones. En cada una conviven aquellos que abarcan contenidos con cierta similitud:

1. La búsqueda de respuestas sobre los secretos del universo. Impresiones y sensaciones que dejaron huella en mi primer contacto, y años más tarde, en la gran ciudad. Tras la inspiración. Primeras lágrimas de una tormenta. Escenas románticas que regala la naturaleza. Añoranzas. El lugar donde nací...

2. El canto al amor desde distintas vertientes, el miedo y consecuencias por su pérdida...

3. Pinceladas inolvidables que surgen de lazos de sangre...

4. La crítica en clave de humor. La social. La que da origen al abandono y desolación de una tierra olvidada, mi tierra. La relativa al recorrido de los últimos años de una clase política en el poder cuyos resultados han sido unas nefastas consecuencias sociales y económicas. Una llamada de atención a quienes maltratan mi amada lengua. Al falso amigo...

5. Por último, dolor, vida y muerte, depresión, soledad...

En su conjunto, componen una amplia variedad temática, de la cual es fácil contagiarse por la emoción que despierta cada una de sus estrofas y, de este modo, verse atraído hasta el punto de querer desgranar los diferentes acordes que delicadamente surgen en las elaboradas melodías, descritas bajo la piel de estos poemas como si de una canción predilecta se tratara.

El primer trabajo, *Filosofando*, es un relato corto en prosa y verso, presentado en el XXV Concurso de Relatos Cortos Juan Martín Sauras, que acabó finalista entre los casi quinientos trabajos de autores de diecinueve países: Chile, Argentina, Luxemburgo, Alemania, Inglaterra, Nicaragua, Israel, Colombia, Brasil, República Dominicana, Ecuador, Perú, Bolivia, México, Estados Unidos, Uruguay, Cuba, Venezuela y España.

Filosofando
Relato en prosa y verso

Finalista en el XXV Concurso de Relatos Cortos
Juan Martín Sauras

Capítulo primero

(A modo de introducción)

Como tantas otras noches, sale su madre disparada hacia la calle para llamarle a grito pelado. Es la tercera vez que lo intenta, pero ahora lo hace con uno de sus alaridos más personales y enérgicos, el cual lleva implícito un inequívoco mensaje urgente para su receptor. Es un mensaje con argumento sólido y, en el noventa y nueve por ciento de las veces, efectivo; el resto le toca salir en su busca. Ella sabe dónde localizarlo y, por eso, no está preocupada. Sin embargo, a estas horas, su hijo debería estar durmiendo.

Ya son varios los veranos. Es septiembre, pero la temperatura es muy agradable y casi todas las noches que hay cielo despejado y ausencia de luna, o en estado adolescente, este joven estudiante se escabulle por las cercanías de su casa hasta ese rincón favorito.

Su vivienda está situada a las afueras del pueblo. Cerca, hay un lugar privilegiado donde se asienta una gran piedra arenisca con una orientación e inclinación adecuadas y una ligera concavidad que le permite tumbarse cómodamente y... observar.

Hoy el firmamento está limpio y nítido, con un contraste ideal, y no aparece la luna. La escasa luz artificial en el entorno favorece una visión espectacular. El chaval contempla maravillado la senda estrellada de la Vía Láctea, las diversas constelaciones y, con suerte, podrá ver alguna estrella fugaz.

Absorto, le rondan nuevos interrogantes que va acumulando al final de una larga cola.

Las imágenes relajan sus retinas, pero alimentan de misterio a su perplejo cerebro. Eso le intriga y provoca escalofríos de emoción.

Un alumno inquieto y ávido por conocer, por comprender qué hay tras ese telón estrellado.

«¿Qué secretos habrá ahí arriba?», se repite una y otra vez.

Este pequeño protagonista no puede soportar por más tiempo convivir con la incertidumbre.

Hoy se siente con las fuerzas suficientes; la necesidad de saber le puede más que el freno que ejerce su timidez a la hora de preguntar. De mañana no pasa, le pedirá a su profe que le saque de dudas, es muy bueno en filosofía y ciencias, y le gusta la astronomía.

El profesor se verá en aprietos y se las tendrá que ingeniar para ver de qué manera explicar al muchacho, de forma coherente, algo tan cargado de vaguedades científicas, sabiendo que exponer objetivamente sobre ese campo es, más bien, filosofar.

La falta de respuestas sería la respuesta. Posiblemente no las haya jamás. Sea como sea, estas cuestiones seguirán surgiendo generación tras generación.

De pronto, todavía ensimismado y persuadido por tanta belleza, uno de los tonos más agudos, frenéticos y conocidos por él le cruza rebotando por sus oídos, alterando su abstracción.

—¡Ahí va! Ya es tarde, menudo cabreo lleva mamá.

Con el corazón a toda velocidad, se va pitando hacia la casa.

Al verlo jadear, su madre sonríe y le reprende sin que se note. Le da un beso en la frente y lo coge de su mano con cariño, acompañándolo hasta la entrada.

Ya por la tarde, a la salida del cole, espera tenso el ansioso joven a que aparezca su maestro.

«Ya viene», balbucea el alumno, a la vez que los nervios le provocan una ligera incontinencia urinaria, pero contrae con precisión los músculos, y es suficiente. «Solo salió una gotita, no creo que traspase», piensa preocupado, mirando hacia el pantalón.

Se acerca hasta el profe, el cual para extrañado.

Con voz inocente y temblorosa:

—Hola, don Pedro, ¿puede atenderme unos minutos?

—Claro, Javier. Vamos, nos sentaremos en aquel banco.

Javier lo hace en primer lugar, inclinando el cuerpo hacia delante; apoya las dos manos en el banco, junto a los muslos, y, como no alcanza el suelo, mueve rítmicamente los pies como péndulos de reloj.

Don Pedro se sienta a la derecha de Javier con movimientos relajados, dejando descansar su brazo izquierdo, estirado a lo largo del reposacabezas del banco, como protegiendo al niño. A la vez, cruza la pierna derecha por encima de su otra rodilla, adoptando una actitud conciliadora e intentando generarle confianza.

Se gira unos grados hacia el crío, se miran y don Pedro pregunta en un matiz coloquial:

—¿De qué quieres hablar, Javier?

A Javier se le agrandan como platos sus ojos felinos. Necesita un instante para ordenar y arrancar con su batería de preguntas.

Paran sus piernas en seco y...

[9 de marzo de 2020]

11

Capítulo último

(Poema)

Filosofando

—Señor maestro,
necesito urgentemente respuestas saber,
estoy muy preocupado, pues no acierto a entender
cuestiones tan simples y complejas a la vez.

—Dime, joven alumno, intentaré aclarar tus dudas.

—No hago sino darle vueltas
y, cuantas más vueltas le doy, más me duele el seso.
Señor instructor, es que no lo entiendo,
¿qué es el universo?

—Menuda pregunta, jovencito;
no es moco de pavo responder a eso.
Pero te diré,
es materia, son átomos complejos,
es una estrella, es energía y viento.
Es el vacío de un alma. Son las penas y el amor,
la oscuridad y el silencio.
También es la soledad, las risas, la felicidad.
Es un estornudo, un lamento;
el murmullo de un río, la humedad del alba,
es el arco iris tras una cortina de agua.
Es cualquier cosa que toques, que veas, que puedas imaginar.
Son tus sueños, tu rasmia.[1]
Tu pesar.

---

1 *Rasmia* (fabla aragonesa): 'empuje', 'tesón', 'vigor'...

—Y, más allá del universo, ¿qué hay?
Tengo que saberlo.

—Aunque no te lo parezca, hay lo mismo, niño, hay lo mismo.
Es la Tierra una partícula en el espacio
dentro de otros mundos
diminutos de otros a su vez
en una vastedad de mundos,
y nuestro astro es un gigante
frente al polvo interminable,
que también son mundos
en esta asombrosa y eterna eternidad,
enigma que la mente no es capaz de imaginar.

—Y, cuando las estrellas se apaguen,
¿qué pasará, ilustrado protector?

—Cuando eso suceda, el frío y la noche se adueñarán
y todo encogerá;
lejanas estrellas seguirán brillando y continuarán.
Y nacerán nuevos tiempos.
Fecundas semillas vendrán y otras morirán.

—¡Qué triste, maestro!
¿Cuánto durará? ¿La nada vendrá?

—Escucha con atención, intrépido chiquillo:
durará siempre, nunca acabará,
palabras estas que nadie entenderá.

De tantas veces, tantos universos
combinaciones infinitas surgirán
sin que ninguna de ellas sea igual,
sin la esperanza de volver
tú y yo
sobre estos versos a pasear.

Te diré sobre la nada, inquieto mozalbete.
La nada no existe porque la nada ya es algo;
la nada está llena,
no tiene espacios,
la nada es el todo, aunque no lo parezca.
Si fuese la nada la total ausencia,
nada existiría; nada…, nada.

No habría paz ni violencia
ni vida ni muerte;
tampoco luz ni obscuridad,
ni Infierno ni Cielo, ni Divina Deidad.
¿Tiene algún sentido esta inexistencia?

—Pero no lo entiendo, es que no lo entiendo;
mi cabeza estalla.
¿Cuándo el universo comenzó?

—Nada comenzó, avezado jovenzuelo,
todo es energía que nunca se destruye,
no desaparece, no se crea, solo se transforma,
como dicen los ilustres.
Por lo tanto, siempre ha estado ahí,
unas veces somos, otras no lo sé.

—Profesor, cada vez lo entiendo menos,
¿no fue Dios quien lo creó?

—Pero, ¡hijo! ¿Quién lo va a crear?, siempre ha estado ahí,
te lo acabo de decir.
Y, si hubo un Creador, ¿de dónde salió?
Vaya aburrimiento si solo estaba Él.
Siempre estuvo ahí, es el universo nuestro Creador;
está en todas partes, Él es nuestro Dios.

—Entonces, señor profesor,
cuando muramos, ¿a dónde iremos?
¿Qué es el Cielo? ¿Qué es el Infierno?
¿Cuánto tiempo allí estaremos?
Porque, si son para siempre, sea bueno o malo,
nos vamos a cansar de tan larga eternidad.
¡Quiero que me explique! No me líe más.

—¡¡Ufff!! Vas a terminar conmigo, niño preguntón.
Al expirar, nuestros átomos viajarán
cada uno hacia un lugar.
También se enfriarán,
pero, muchacho atrevido,
tarde o temprano, algunos coincidirán
y brotará nueva vida,
sin embargo, las nuestras,
no volverán.

Me preguntas por el edén y el averno:
desde el momento en el que naces,
en cada instante
tú eres Cielo, pero también Infierno,

tú decides cuándo serlo,
y, ¿sabes qué te digo?,
no me comprometas, no preguntes más,
curioso puñetero,
¡que tampoco yo lo entiendo!

—Solo una cosa, no me deje así.
¿Y el alma?

—El alma es un misterio.
Nace contigo,
inseparable hasta el final,
contigo se va forjando
y, para cuando tú descanses,
ella ya será inmortal.

Portará en su viaje la esencia del yo,
y en esa esencia
se alojará el vergel de tus recuerdos
y el cajón que mantiene secreto
el manantial de tus sentimientos,
esos que no puedes dominar.

El alma se adentrará entre el polvo multicolor
que envuelve las nebulosas,
atravesará de las estrellas su palpitar
y deslizará
absorbida por un torbellino
que atrapa y engulle voraz
la luz y las sombras,
para arrojarse en un suspiro
hasta un fascinante laberinto abismal
que ni siquiera llegaste tú a soñar.

Así que
el alma vagará por esa inmensidad
y de tanta maravilla, mil años mil,
¡qué digo!,
un sinfín de miles, plenamente gozará.
Y tú serás ella,
serás inmortal.

Mi aventajado niño,
tu madre estará esperando,
así que, joven amigo, ¡ve hacia tu casa,
que se ha hecho tarde ya!

—Pero, sabio mentor...

—¡¡Niño!! No preguntes más.

[1 de febrero de 2020]

Más allá de la mirada

En la fría calle de la indiferencia
camina monótono el tranvía,
como autómatas,
esquivando el convoy
que avanza en metódica armonía.

Cuellos embebidos en lana y bufandas.
Hombros encogidos.
Pensamientos adormecidos
que no apagaron las almohadas.

Paso acelerado.
Sonidos de una llamada.
Dedos hurgando en los pliegues de los bolsillos.

Cada día,
cada esquina,
cada fin de trayecto,
rutina enfermiza,
molinos de viento.

Y, tras el ámbar,
el rojo detiene en silencio
la marabunta que yente
y la que viene de frente.

Abiertas las puertas de la impaciencia,
se alborota la jauría,
son instantes de locura
que precipita, inevitable, la estampida.

Rugen las barrigas del asfalto
como en la roca rompe
la ola creciente,
desafiando las agujas imparables,
jinetes de la infinita fuente,
vomitando su veneno
desde el metálico vientre,
exhalando por su alargada garganta
bocanadas del hálito ardiente.

Dulcemente muere el aire,
sin ruido, sin pausa
muere dulce en las ciudades.

Bajo los arcos amarmolados suenan
los acordes de una guitarra ajada,
hermosas letras de una canción
imploran con voz desgarrada.

Un raído sombrero
de paja de palma
espera hambriento en el suelo
rancia derrama;
mientras,
el hombre sin nombre
sigue cantando
y, una vez más,
los transeúntes se van apartando,
ignorando...,
esquilmando su dignidad.

Un beso enamorado
en el centro queda plantado,
trance aletargado
que fuerza a desviar el paso
sorteando este edén ajardinado.

Camina y camina el tranvía,
y la densa niebla
va engullendo la melodía.

En la gris turbiedad,
contrastes de color la atraviesan
y el golpeo rítmico de unos tacones
demandan la atención de una mirada;
perfumes intensos se entremezclan
y atoran,
panoplia encastrada
desde los pies hasta la cara.

Amaina etérea la bruma
y al otro lado
paredes de cristal se alzan
en su prepotencia a rozar el cielo,
en ese intento
apenas consiguen contener,
vagamente imperfecto,
un minúsculo reflejo.

Entre sol y sombra,
vigilantes e inmóviles
siniestras gárgolas custodian,
impertérritas,

suntuosas portadas
y esporádicos frontispicios ornamentales,
testigos inertes de pasados avatares,
erosionados y enfermos,
espectros de lo que fueron,
hoy, magistrales lienzos.

Bajo los ojos de piedra
discurren mansas las aguas
de un río turbio que quiebra,
ya las veía bajar,
cristalinas,
sobrio el puente medieval.

Con la mirada vacía,
camina monótono,
camina el tranvía.

[9 de abril de 2019]

TRAS LA MUSA DE LA INSPIRACIÓN

Sobremesa entre cojines.
Aliados que se prestan junto al brazo del sofá.

Toma un primer sorbo de café
y apoya la tacita de porcelana blanca
en la vieja mesa de cristal
a la vera de un pequeño ornato
que imita la figura viva de un coral.

Más que costumbre es adicción
tener a su alcance tinta y papel
donde adornar los susurros
que bullen sigilosos..., cohibidos
bajo los pliegues de la imaginación.

Sorbe de la taza una segunda vez,
todavía caliente y aromático el café.

El sopor acerca las pestañas
como losas que caen sin piedad;
secuencias que tornan borrosas
atraviesan con apuros el arco ojival.

Cansados y cuarteados
se olvidan sus ojos de parpadear.
Respira con alivio
y evade sus pensamientos
al rincón donde el olvido es temporal.

Inunda la penumbra en el salón del sueño
y, apagado,
se escucha en verso un resoplar.

¡Dormita y descansa
en una página del libro de Morfeo,
y escoge de ella al regresar
la estrofa escrita en un destello!

En su mano izquierda
un poema a medio terminar,
un bolígrafo en el suelo
guarda en su tinta
un enigmático final.

[7 de noviembre de 2019]

SU PRIMERA TORMENTA

Al mismo tiempo,
un choque de cargas
y un ruido brutal.

Desde la morada
donde habitan los dioses,
una luz cegadora
busca un objetivo
con su punta mortal.

Y, al mismo tiempo,
el miedo se adueña en su vientre
y un temblor agita el minúsculo maná.

Derrama una lágrima
y un nuevo bramido irrumpe
escupiendo rayos en la oscuridad.

Y el terror se apodera
y, sin darse cuenta,
comienza a llorar.

[19 de septiembre de 2020]

Quiero seguir contando

Paladín de mis leyendas,
de mis prosas y romances,
de poemas que entristecen
y relatos ancestrales;

de cuentos increíbles
donde, reos en el tiempo,
eternamente conviven
princesas y batracios,
tarántulas sesudas,
semidioses y centauros
y un sinfín de criaturas.

Fanático paladín
con quien yo batir mis duelos
en tan lúgubres contiendas
que acaban en desalientos,
desamor y sueños rotos,
frustración, remordimientos
o en los fríos cementerios.

Alimentas mis pesares
si alguna vez pierdo tu rastro;
mis manos, sin padre ni padrastro,
dejan huérfanas
historias sin finales.

Sigue, ¡te lo ruego!,
derramando tinta en mi venambre[2]
y pueda yo esparcir impresa
sobre pliegos y papiros
en los que pueda bañarme.

[1 de noviembre de 2020]

---

2 Venambre (localismo): relativo a las raíces más delgadas, tiernas y sensibles
de un árbol, las que se encuentran casi a flor de tierra. En este caso, se refiere
al deseo de recibir la inspiración a través del manantial de sangre que fluye por
mis *capilares*, por mis *venas*.

PRELUDIO DE UN ROMANCE

Briosa en el cañón y en los barrancos
rompe al tropezar
en rocas de granito y de basalto
que arrastró empujando,
y ahora esculpe y las abraza,
y con paciente destreza,
abstractas, va cincelando.

Se abre paso a veces
por surcos que acceden a la ribera,
cubriendo en el soto los zarzales
cercanos a la breña y la vereda,
donde se avistan esporádicos cervatos
a la sombra de ramajes,
de coscojas,
de fresnos o de arces,
evocando en el entorno
bucólicos paisajes.

Fluye virgen todavía,
fluye el río aguas abajo
y, al ensanchar el curso,
ralentiza
y cubre la rocalla y el balasto
y en pequeños saltos va puliendo
cantos que bajan rodando.

Libre aún de limo y sedimento,
al pasar por la alameda,
canturrea tardo en voz baja
mientras el sol de la tarde
débilmente ya se apaga.

Sueña en su dormir pausado
cómo será ese mar,
del cual susurra al oído
la lluvia cuando se mezcla
formando parte del río,
añorando regresar,

o del que habla el viento que nació en el cabo,
cuando, al subir por el cauce
sutilmente, sopla bajo.

A la luz de las estrellas
se le ve cansado y frío,
pero cuando alumbra el alba
mueve al son de los meandros.
Y, en esa danza sensual,
un cortejo va ensayando
a la espera de fundirse
con ese mar que está soñando.

[26 de abril de 2020]

Aromas de mi granero

Impresas fuertemente
dejó en mí labradas muescas la nostalgia;
asido voy por la más profunda
que me retorna hasta mi infancia,
hacia el angosto ventano
bajo el alero de *bochas*[3] y barro
y tejas de mi tejado,
en el frontal de la pared de mi granero,
infiltrándome a su través en el pasado,
inhalando sus aromas,
que yacían olvidados.

Sin que Cronos advierta este empeño
y con ello decida perverso
dibujar los hilos de nuevo
y así me pierda en el tiempo,
con tiento y mesura
me adentro pisando sobre aquel solado
de cañizos revestido y yesos gastados,
ligeramente hundido en su relieve
lenticular y curvado.

En la cumbrera
protege sólida y robusta la solera,
adoptando en ella el techo de mi tejado
inclinada reverencia;
maderos casi torcidos
cruzan de lado a lado

---

3 *Bochas* (localismo): planta herbácea perenne, resistente y espesa que, mezclada con barro, se usaba para asentar las tejas de las viviendas.

de cal blanca pintados
y en sus carnes clavados
clavijas y clavos,
de los que cuelgan
ristras de genes suidos,
perniles y blancos,
ajos, laureles,
manojos de té,
de tomillos y romeros
y sartas de pimientos
que al frío y al viento
tiemblan como sonajeros.

Apoyadas en los tabiques
que sobresalen
por los costados de la escalera,
entrelazadas,
cañas cosidas por artesanas
alojan como despensa
racimos de uvas pasas,
cebollas que harán llorar,
almendras y nueces,
manzanas pegadas a un cofre
con tesoros para observar.

Tras unos tomates verdes,
una guarnición de alberges
y, al alcance de mis manos,
un cortejo
entre *higotes*[4] granados
e higas maduras blancas
dulces como el azúcar,
almandinos en sus entrañas;

en la pared que da al norte,
del olivo,
verdes y negras,
frutas en agua y sal aliñadas,
y a la distancia de un jeme,
aceite virgen en las tinajas.

Viejas zuecas de empeltre
y leños de pino y almendro
aguardan cercano el mondongo
en el hogar de mi granero.

[16 de mayo de 2020]

---

4 *Higotes*: 'higos'.

En mi Sierra de Arcos

A sus anchas campa la umbría en el vago
y, al cabo de la noche estrellada,
calmada y fría,
va posando en su manto la rosada.

Tras su primer bostezo,
un rayo de sol recién nacido
se detiene en los alzados de piedras,
hiladas a soga y tizón
en estrechos ribazos contrafuertes,
salpicados a lo largo del *varello*[5]
que asciende por la ladera,
culminando a los pies de agrupadas lastras,
abrigadas por arbustos y matorrales,
ginebros[6], sabinas y aliagas bastas
encaramadas a la ventana,
ansiando ocupar los claros bajo la cumbre,
bañarse de luz
y respirar el viento que llega por la solana.

Con su cálida mirada
observa el rayo la escarcha virgen,
llorada en los preámbulos del alba.

---

5 *Varello* (localismo): ladera cuya inclinación, no demasiado pronunciada, va desde el vértice de un valle, una val o un vago hacia la cumbre, en la que suele haber parcelas en forma de tabletas o escalones ascendentes con cultivo arbolado, cereal, etc.

6 Ginebro (localismo): jinebro, enebro.

El rayo..., enamorado.
Y ella,
tornándose plateada,
espera, efímera,
ser por su amante evaporada.

[8 de septiembre de 2020]

EN EL ALBOR DE LOS TIEMPOS

Esta noche en la que escribo
bajo antorchas titilantes,
una deuda oprime en mi pecho
porque ellas sembraron la vida
en este vasto universo
y no soy capaz de agradecerlo.

Donde ahora reina la luz,
habitó un tiempo la tiniebla
hasta que un buen día
amaneció envuelta en oro
una estrella.

Y sembró el caos,
y derritió el polvo y las piedras,
y se rodeó de un séquito
con alma de planetas.

De todos ellos,
uno de los más vivaces
y casi el más pequeño
acentuó su esplendor
en cada extremo del cielo,
revelando en los crepúsculos
los despertares y el sueño.

Aunque atenuado y lejano,
el místico galán, nacido Marte,
quiso en la bóveda celeste
de rubí enjoyarse.

No tardó la Tierra en hendir su manto
y desde su infierno arrojar posesa
arcadas de fuego..., de nubes y agua
hasta convertirlos en ágata y turquesa.

Como fémina predilecta
tomó ejemplo la joven Luna,
bastarda pero coqueta,
de su Madre Tierra oriunda.

Hurgó en su fondo de armario
y surgieron velos de tul
venidos del firmamento.

En la intimidad
maquilló su rostro helado,
hierático, plomizo y ceniciento;
y al cambiar de humor
su cara mimetizaba
como lienzos en ocres.

Otras veces, tornose plateada;
las más habituales,
blanca anacarada
y las más tristes,
siempre ensangrentada.

[19 de noviembre de 2020]

I

En Andorra me gestaron,
Puerta de los Vientos,
de aquí nacido y forjado,
de aquí surgieron mis sueños
y muchos de mis recuerdos.

Cuando leas mis poemas,
percibirás la esencia de mi tierra,
que es la tuya,
conocerás mis secretos ocultos,
mis inquietudes,
mis gozos y mis penas.

[2 de febrero de 2019]

MAREA DE LUNA LLENA

Estambres de ámbar preñados
sorben de los tuyos mis labios,
y en plácida metamorfosis
mudan por alas mis brazos,
y, en golosa probóscide, mi boca,
que liba de tu piel melíferos geranios
y, fragantes, tus lirios blancos.

Y es que eres imán que me atrae y orienta,
eres la estrella
que con el calor de su fuego
me enamora y alimenta.

Eres
el resplandor que irradia la luna llena
en la noche abierta
y provoca el aullido del lobo
que, al mirarla, en mí despierta.

Eres el constante latido
que necesita mi corazón
para, segundo a segundo,
permanecer vivo.

Qué soy, pues,
sino el ascua que solo sigue brillando
al cobijo de tus brasas,
sino el ave alicorta
que solo puede seguir volando
si le prestas tus alas.

Qué sería de mí si tú me fallas,
qué sería si de ti me apartas.

[31 de enero de 2019]

DOS MIRADAS..., UN SENTIMIENTO

Para Almudena y Adrián, 8 de junio de 2019

Junto al altar, dos enamorados.
Ambos se acercan hasta rozar sus manos:
destellos al despuntar el alba,
fragancias de madreselva
y el canto del ruiseñor
los han dejado hechizados.

Hoy empolvó su cara la dicha,
se adornó el cabello
y pintó sus labios.

Celoso está el amor
porque al girarse buscan sus miradas
y, mientras se miran,
dormitan las palabras,
y en ese instante
solo existen ellos...,
ellos... y la nada.

Y, al apagar las estrellas,
tras el sol naciente,
entrelazados,
lo siguen dos corazones
envueltos en efluvios
de un prístino amanecer
ebrio de pasiones.

[14 de febrero de 2019]

Lo puedo sentir, pero no describir

Dicen que son alas de mariposa
que en el estómago juguetean,
hacia el pecho van trepando
y sin descanso revolotean.

Pero es más..., mucho más.

Es el placer que colma y rebosa
al dejarme abrazar por la emoción e intriga
del primer salto
hacia un sentimiento desconocido
que insistentemente
tu imagen me evoca.

O será el reiterado lamento
que cohabita constante
en mi nublado pensamiento,

porque aún tengo el recuerdo,
y temo perderlo,
del morir embriagado
en el edén de tu cuerpo.

O el hecho de solo mirarte,
pensarte...
y con eso me baste.

Imagino, abstraído, que es
el gozo y la paz que aporta
la relajante sensación al respirar
cuando, al cerrar los ojos,
la suave brisa me acaricia junto al mar,
como acariciaban mi piel tus manos.

O, más bien,
es la soledad que clama,
pues de su vacío y desolación me habito
y en esa huérfana oquedad se agitan
y, burlándose de mí, gritan
porque tu maldita ausencia me acompaña
por no haber sabido decirte
que te quiero con toda mi alma.

Pero quizá sea
la excitante vibración que siento
al adentrarme en los sueños
que atesora inalcanzable
la claridad crepuscular del tiempo;

y, al cruzar ese umbral,
preludio del éxtasis,
arrobado,
dejarme llevar de tu mano
y fundirnos en ese espejismo
y, ausente el yugo, susurrarte
que retornes conmigo hasta el presente,
premiando mi castigo por impostor y artero
el impávido viajero,
por burlar y quebrarle

y sin permiso despojarle
de su amada flor del viento,
penando en dulce acíbar,
sumido en profunda abstracción
ante tu rostro fugaz,
propósito de mi obsesión,
que me impide despertar.

Y, en esa irrealidad,
elijo no existir
en cualquier mundo real.

Y así
beber del néctar que desprende tu elixir
para perder la noción
del brazo impasible que lleva.
Y, en ese trance,
te presiento...
y te veo...
y te acercas...
y me acerco...
y respiro de ti,
de todo tu cuerpo,
ahora mía, flor del viento.

Es el amor más..., mucho más.

[15 de marzo de 2019]

SOLO EN EL AMOR Y EN EL OCASO

No existe el perpetuo presente
ni efímero un resuello,
entre segundo y segundo
no hay espacio para retenerlo.

El presente, así, es pasado
y, a la vez, también es futuro
donde vivimos viendo y sintiendo
la realidad que ha caducado.

La luz del sol que nace
no atraviesa mis pupilas
en el acto,
partió desde el horizonte
y tardará en cruzarlas
un buen rato.

La figura de un simple árbol
la percibo mística
tras preciso y fugaz viaje
desde su arraigo
hasta posarse en mis redes neuronales
de los grises corticales
de plisados lóbulos
cerebrales.

No siento el calor en mis dedos
al acercarlos a vivas llamas de un fuego,
ni ateridos por el frío,
tampoco al tocar el álgido hielo.

Cualquier percepción sensorial
es posterior al hecho causal.

Sin embargo,
en el amor
y en el temido encuentro,
concurren en mí los tres tiempos.

Porque,
como en el agua una espita,
clavadas tengo las flechas de Cupido
e inyectada en mis fibras
la esencia seductora de la espuma del mar,
destello de Afrodita
—hija de los mares
y del dios castrado que en el Olimpo habita—
de donde nació mi diosa carnal,
cuyo baño adictivo
me otorga el deleite y placer
del contacto,
del sabor,
del aroma sensual,
del romántico chasquido
y del calor
que recorren por siempre mi cuerpo
por un beso en sus labios
antes de haberlos besado.

Y porque,
sin escrúpulo alguno,
el destino une al pasado,
presente y futuro
en un punto común,
en el instante finado.

[2 de junio de 2019]

Bajo el yugo que ejerce tu influjo

Iris en miel y bronce bañados.
De noche
a la luna castaños.
De día,
de cristales de oro
y azabache encastrados.

Mística melodía irradia tu mirada,
hechicera y seductora
como las primeras luces
que abren la puerta a la madrugada.

Sol que siempre amaneces,
brisa que acaricias la piel
y que el viento en su vientre protege,
murmullo hipnótico del riachuelo
que atraes a quien se acerque.

A veces, ardiente ola
que se yergue, se riza y enrosca
y al gigante mar alborota
e, indómita,
abraza con rasmia la piel de la roca.

Pero el mar se la lleva...

Y relajada y hermosa retorna
en plácida onda de agua y espuma
que, delicada,
con sus besos cubre la arena
y en ella se mezcla.

Pero el mar se la lleva...

Y obstinada
regresa más indomable
y apasionada.

Pero el mar... se la lleva.

Si tú quieres, seré luna
y el último suspiro de la noche
para que la noche duerma;
seré viento,
seré cauce cautivo del riachuelo
y, junto al mar, tu arena.

Déjame ser la roca,
deja que sea ese mar...,
ese mar que te lleva.

[22 de agosto de 2019]

Cuando la lluvia aparece inesperada

Me dices con voz quebrada
que hoy tampoco tienes ganas,
que no te apetece salir.

Recostada en tus recuerdos,
permaneces ensimismada,
envuelta en la nostalgia de agridulces sueños
que, discretamente,
guardas callada.

Tus ojos,
tus palabras y tus gestos,
la ausencia de caricias
y tus fríos besos
me dicen que en tus pensamientos
ya no queda un hueco para mí,
alguien surgió tras la esquina
y me robó tus sentimientos,
si es que los hubo alguna vez
en un lejano jardín.

Desorientado, voy dando tumbos
a cuestas con esta cicatriz,
buscando restos de ese amor
que quizá lo fue un segundo,
pero solo atisbo cruces de caminos
con las huellas marcadas de mis pies
y, entonces, sé que estoy perdido.
Y es entonces
que me siento vagabundo.

[28 de septiembre de 2019]

Y EL AMOR SE ASOMÓ AL ABISMO

Te espero, perpetuo deseo,
mujer de ensueño.
Cercenada la pasión,
ya duermo,
pero te sigo sintiendo, mujer,
con la intensidad del trueno.

Me apostaré frente a la luz
con el corazón descubierto
y a la luz musitaré tu nombre
y, si me lo pides,
tras el susurro iré a tu encuentro.

Y, si aun así, mujer,
no te tengo,
si no quieren tus brazos
rodear mi cuerpo,
me abrazarán, lacerados,
puñales de lengua hiriente
y, en este confín del solitario abismo,
elegiré la muerte.

[29 de noviembre de 2019]

En esta noche estrellada

De envidia se viste la luna,
de envidia, redonda se viste
y, así, redonda se queda
encaramada en su cuna.

Maquilladas sus mejillas
y su nariz empolvada,
a juego están con sus labios,
toda ella anacarada.

Ha visto cuando cruzabas
por el centro de la plaza
y que todos se giraban
y, en vez de mirarla a ella,
a ti solamente miraban,
toda resplandeciente
en traslúcida seda blanca,
porque, en esta noche tan clara,
nadie como tú hay más guapa.

[22 de enero de 2020]

ERES TODO EL AÑO

Feliz cumpleaños

Cada primavera
una flor de mayo
se descubre al alba
y viste de gala
sin que le haga falta.
Yo que soy de invierno
siempre la acompaño
y con ella a mi lado
ese mes de mayo
para mí es todo el año.

[17 de mayo de 2020]

El amor es un misterio

No me preguntes sobre el amor,
sobre el amor no sé explicarte,
pero verás que no es necesario cuando
el día que llame a tu puerta
a ti se acerque y te abrace.

Su intensidad ya la quisiera
para sí el astro más luciente,
y es que, a la vez que te corteja,
renace puro y vehemente,
y una tisana de sensaciones
de él te hace dependiente.

Pregúntame lo que quieras,
pregúntame por aquello
que yo te pueda responder,
pero no me comprometas
con las cosas del querer.

Pregúntame, si tú quieres,
por qué vibran las estrellas
como crispadas candelas
o por qué para respirar
necesitamos del aire
que no consuma la llama
que arde en las velas.

Puedo decirte también
por qué por el día es celeste
y por la noche
el cielo siempre oscurece,
a veces, a mi pesar,
o por qué amanecen coquetas
las flores para enamorar,
o por qué hoy salió la luna
con un precioso lunar.

Si tú me lo pides, yo te lo diré.

Sin embargo, tu corazón
anunciará cuándo el amor lo ha besado
congelando el tiempo para ti,
ni en el sueño más deseado
te encontrarás tan feliz.
No me preguntes por qué,
eso... no lo sé.

[12 de julio de 2020]

SECRETOS INCONFESABLES

Un lazo fuertemente anudado
colma su espacio sentimental,
pero fue creado
con anhelos de cristal;
y afloran fisuras endebles
que curan y desvanecen
casi siempre al acostar,
dejando una impronta invisible
en su piel, ya vulnerable,
cercana a un limbo emocional.

Y, donde ayer no había brumas,
un sueño aún no soñado,
hoy se anuncia irreversible.

Aunque las aparta y desvía,
pasea el deseo por sus pupilas
en las horas de maitines
y en las que restan del día.

Su voz la escucha a la aurora
o cuando el primer gallo canta
o cuando el silencio
de ella se enamora.

—Noches en vela obliga el estío.

Una hoja, cansada y vieja,
cae
entre el dintel y el alféizar.

Cuelgan carámbanos que medran
en la calle triste
donde reina la absurda levedad de la nostalgia
que a menudo hiberna—.

Y, sin esperar..., espera,
pero no aparece la primavera
y su imagen se le desprende
y ya no intenta retenerla.

Su rostro va difuminando
en la distancia que cada nuevo ocaso
ha ido sembrando.

Y en las pisadas de los años,
briznas de hierba lo van borrando.

[15 de septiembre de 2020]

LA PRIMERA VEZ

Era intenso el sentimiento,
inmerso en creciente hervidero.

Entre círculos concéntricos,
daba vueltas... y más vueltas
confuso y tímido el pensamiento;

y, en su afán por descubrirse,
frenó brusco,
asido a las tablas del burladero.

Miraba desafiante
el astado desde la arena,
mirando al frente
las pupilas trémulas
cobijadas tras la barrera.

Escarbó, cabeceando,
con sus dos patas traseras;
humilló y embistió
con su firme cornamenta,

pero ya estaba dispuesto
un estoque para ese encuentro.

Y al apostarse
tan de cerca
y rujiarse de *gimos* y de alientos,
se evaporó el ruedo,
el pudor y la bestia.

Y, alcanzado el culmen,
en un frenesí desatados,
un primer beso
saborearon, al fin, sus labios.

[25 de noviembre de 2020]

II

Del amor,
amante enamorada.
Te vas,
pero dejas escritas en el aire
las más bellas rimas,
las que desprenden los reflejos de tu cara,
las que dibujas al abrir tus ojos
o al vaivén de tus cabellos,
o las de esa sonrisa natural
que desliza por tus labios sin saberlo.
Mujer enamorada.

[17 de enero de 2020]

El primer regalo

Para mi hija Beatriz

Nació una feliz madrugada.
Fue niña.
Su padre, sentado junto a la cama,
su tierna mejilla le acariciaba
viendo cómo esos pequeños labios,
en el regazo de su madre,
amamantaban.

Un beso muy grande de quienes te engendraron,
de quien te parió,
de quienes te vieron nacer
y como dos niños
se emocionaron.

[9 abril de 2019]

COLMADOS POR LA FORTUNA

Para mi hijo Juan Carlos,
8 de julio de 2019

¡Corre, padre, corre!,
¡que el momento está llegando!
Que mamá no te lo dice,
pero a duras penas va aguantando.

Noto la urgencia que empuja,
que ya me voy deslizando,
¡corre, padre, corre,
que mamá está dilatando!

En una sala de espera,
trémulas piernas mueven inquietas,
y una tras otra...
más y más vueltas.

Deambulan con parsimonia las manecillas
sobre la extensa horma
que describen las horas
y en el bochorno estival
la tarde se congela
y un padre desespera.

Se abren las puertas;
una simpática enfermera
arropa a un pequeño entre sus brazos.
Mi pulso, vertiginoso, acelera
cuando lo tengo tan cerca.

Intento cogerlo
con visible torpeza,
y ya en mi regazo
un beso impaciente me lleva
hasta sus mejillas semidescubiertas.

Y él me sonríe.
Y este padre se enternece
mientras su madre, dichosa,
descansa despierta.

[13 de junio de 2019]

DENTRO DE UN ESPEJO

Para mi hijo, Juan Carlos,
en el día de su cumpleaños, 8 de julio de 2020

Lejos,
siempre lejos,
tras las lindes que mantienen secuestradas
en su fondo los espejos,
donde no puedo estrecharte
en este albor tan señalado.

Pero, hurgando en el cajón de mis deseos,
surgen nítidos destellos
que acompañan de tu mano
para atraerte hasta mi vera
y evocar de años pasados
aquellas parcas palabras
de saludos contenidos
que se clavan entrañables
hasta atravesar el pecho
un emocionante escalofrío
mientras abren nuestros brazos
y sonríen las miradas,
iniciando, tímidos,
un interminable abrazo.

[19 de junio de 2020]

III

En tus entrañas..., mujer.
Femenina en tus andares.
Sensual cada uno de los poros
que esconden los secretos de tu piel
y los que, a veces,
sutilmente dejas entrever.

[18 de enero de 2020]

PÍCARA HERENCIA

En la mejor tienda de mi pueblo
me decidí un día a comprar.
Yo soy de supermercados
porque me entretengo más.

Como no dejan tocarlas,
no me quedó más remedio
que de cerca escudriñar,
observándolas muy serio,
agudizando la vista,
frunciendo el entrecejo
y forzando las retinas.

Pensé:
«Pues…, si no me engaño,
juraría que todas muestran la misma pinta:
vívidas y relucientes clementinas.

Yo diría
que con esa plástica presencia
y desorbitado precio
tienen que ser carnosas;
para el paladar,
frescas, jugosas y sabrosas;
y para el coleto, estimulante esencia».

Le dije que pusiera tres,
bien prietas,
de la mejor calidad,
que las quiero para el trabajo
y en un descanso almorzar.

Con habilidad y pericia,
en un suspiro las coge y las pesa
y, a continuación, en una bolsa negra
la vieja pícara frutera...
las encierra.

Saco el monedero y pago,
y en la bolsa las llevo con cuidado
junto a dos pimientos
morrones pintados,
una mata de borraja,
un aguacate y un mango
y, para el fin de semana,
varios plátanos dorados.

Ya en casa, mi boca se hace agua
por paladear el cítrico levantino.
Dirijo mi azarosa zarpa hacia la bolsa
haciendo presa en el fruto tan divino.

—¡Pardillo e infortunado...!

Por alcahuete y largo
le sorprende un ictus repentino
a mi dedo corazón.

—¡Puerco destino!

Humillado, paralizado y deprimido
descansa el desgraciado
más tieso que erguido
con la yema hundida hasta un gajo camuflado

que yacía escondido bajo el sudario anaranjado
en su extremo enmohecido
y casi amoratado,
como cadáver purulento,
flácido y pútrido hasta el mismo centro.

Lo mío es un buen supermercado,
donde las puedo manosear.
Además, son más baratas
y no tengo que agudizar.

[22 de febrero de 2019]

El último lamento

Alguien gritó muy alto:
«¡Basta!».

Y la Voz se extendió a través de las olas
a lo largo de las aguas muertas
de los siete mares.
Se deslizó sobre la nieve escarchada
que un día cubrió virgen
los perpetuos hielos polares.

Atravesó el fuego abrasador
que escupen las arenas estériles
de los ávidos desiertos,
caminantes imparables.

Sobrevoló las más altas cordilleras,
de esperma de vida
sus cumbres despojadas,
y añoró aquellos tiempos
de ibones, ríos y glaciares.

Recorrió bosques enfermos,
ayer impenetrables.
Buscó extintas las tundras y florestas
y solo halló
cuarteadas sabanas interminables.

Y la Voz se adentró abisal
y no encontró de la tierra sus entrañas
y se fue apagando hasta quedar muda,
evitando violentar las oscuras oquedades,

por la mano mutiladas,
para el amo saqueadas.
Y salió angustiada de las huecas cavidades
y siguió gritando asustada
sobre el vergel de la inconsciencia
donde en pecado cohabitaba
con la *ilustre* indiferencia.

De rabia henchida, clama en su caminar
y de impotencia, el eco herido
rompe a llorar,
impregnando el aire envenenado
que respira el *Homo* acomodado,
el cretino y empoderado,
el iluso y el necesitado,
el incrédulo y desengañado...

Y escucharon todos,
en el clamor, su quebranto.

Pero nadie hacía nada,
porque la condición del ser
en su esencia está presente,
en todos ellos inherente.

¿Acaso alguien piensa renunciar,
sea ingente, nimia
o anhelada quimera
su parcela de bienestar?

Ignorada,
siguió la Voz gritando enconada
hasta quebrarse en un lamento,
pero...
ya nadie la escuchaba.

[18 de julio de 2019]

SOMBRAS DE UN OCASO

Una venda negra adaptada a los tiempos
en las frentes cosieron
y cubrieron con ellas las gentes
sus caras de negro.

Y sus voces callaron
cuando,
alojada en el hastial de los tajos
de lignito pardo,

cuando en la fatiga de los haces tubulares
de serpentines hostigados
por lenguas de fuegos radiantes,

cuando en las viejas turbinas,
abrochadas a los ejes extenuados
donde la energía nace
en primarios bobinados excitados,

vieron vagamente una premonición que se cernía
y, en su trasfondo,
una súplica moribunda
aferrada a un espejismo de esperanza
advertía:

«¡Rasga el velo estúpido que ciega!,
¡y lucha!
Lucha por tus hijos
y por esta cuenca deprimida,
y se levante..., y ande...,
y siga viva».

Pero la venda tupida
la ciñeron más
y ahora una tierra vacía
en voz baja llora,
cuando ya da igual.

Ya no arroja brumosa amalgama por la garganta,
ya no queda carbón en el parque que la rodea,
han apagado la llama y su potente latido,
que, infatigable,
generaba entre hilos de cobre y de plata
la ingente energía de un rayo invisible y fluido.

Mientras claman al viento con vanas promesas
quienes portan los manjares sagrados,
solloza esta tierra la joven ausencia
—destierro forzado—
y herida agoniza hasta hundirse en el fango.

Mancillaron el vientre aletargado
donde duerme el oro negro
que atesora bajo el manto este lugar
y, a cambio de un arduo trabajo,
de lágrimas y sangre,
de frentes cubiertas de sal,
de un dinero inesperado
y de un destino complaciente
servido en bandeja de cristal,
la entidad poderosa,
en súbitas zancadas,
se elevó al pedestal.

[17 de abril de 2020.
Cuando todos somos responsables
de la desolación de nuestra propia tierra.]

RÉQUIEM PARA UN DESIERTO

Verde y fuego.
Confusión y drama.
Del infierno huyendo;
consigo lo llevan
en su piel ardiendo.

Lenguas como dardos
quieren quemar el cielo.
Aves que lo fueron...,
cenizas en el suelo.

Pavesas que vuelan
para seguir prendiendo,
en su viaje avivan
porque las mima el viento.

Del verde intenso
al gris y al negro.
Verde y fuego.
Fauna y tierra.
Cenizas en el suelo.

[18 de septiembre de 2020]

Lengua madre

A mi herido idioma español,
perseguido y vilipendiado por quienes no lo merecen

¡Quiérete, Gigante!
¡Presume invencible!

Transmite, orgulloso,
tu lengua garante.

¡Alecciona, generoso,
a plebeyos, manirrotos,
majaderos
con escaso su intelecto,
mercaderes, bajos fondos,
clases medias, botarates
y al rebaño más selecto!

Sílabas de piel transparente
dan forma al libro de tu cuerpo,
ducho en prosódicas fortunas
tuteladas de sol a sol
y de noche a las cuatro lunas.

Te fuiste un día hacia poniente
allende los viejos mares,
y entre océanos de dunas
y rutas
con sabor dulce y amargo,
cultivaste en tierra y vientre
semillas preñadas de luz

que amancebaron en cunas
y multiplicaron tu voz
que ha imperado hasta el presente.

Pero,
ingenuo bonachón,
no has prestado la atención
a expectantes alimañas:
custodios en ambos flancos,
frente al velo de tus ojos
y en tu misma retaguardia.

Traicionado a la sazón
por escoria estéril corrosiva,
elegida por quienes tú ilustraste
para orgullo de tu escolta
y defender el don...
de su lengua madre.

[8 de noviembre de 2020]

Solo queda la añoranza

Hoy he tenido un sueño
en el que compartía un mundo
abducido en una burbuja
que se tornaba opaca,
prendida en brazos de Belcebú,
manchada por la moral corrupta,
que tras la vorágine ilusa empuja…
y avanza
hasta alcanzar la línea que ciega
y sigilosa,
ingenua…
cruza.

Anciana soledad,
en tu piel guardas la memoria,
reducto en extinción
donde quedaron grabados
pasajes de una feraz historia.

Veo en tus ojos tristes
retazos de un paraíso,
esporas de la esperanza
que fueron heridas de muerte
el día en que
tiñó de noche el alba
un anunciado eclipse.

Toda bonanza… acaba,
sucumbe ante la arrogancia,
ante la turba obtusa.
Y la lucha es vana,
y la ilusión… encalla.

Irrumpe la codicia
y la semilla del control..., estalla.
Y la doctrina impera
y el frágil manantial de savia,
seca... y acalla.

¡Hipócrita muchedumbre!
Amnésicas frentes cerradas
que ya no libran batalla;
aborregados... y abnegados,
carne de matadero,
óbito en el atolladero.

Abren mis ojos,
mi cuerpo, convulso y sobresaltado,
despierta
y me sentí aliviado
por un instante...,
por un instante.

[26 de abril de 2019]

Ya nada importa

De profesión,
salvo honrosas excepciones en el tiempo,
embusteros compulsivos,
necios, charlatanes,
avispados y arteros,
pusilánimes, cobardes,
traicioneros...

Solo importan los votos,
los que otorgan la llave
de la senda enmoquetada
que lleva hacia el templo ultrajado,
donde aguarda invicta y diabólica clave,
objeto ambicionado y sueño dorado.

Y allí, en el centro,
regio e impecable, un trono,
engendro tejedor de engaños,
forrado por la gruesa coraza
de secuaces y gregarios:
helmintos..., lacayos
adheridos a los escaños.

Esperando ser acariciado,
en su diestra, un cetro,
forjado en los abismos del averno,
labrado de poder
que unos cuantos iluminados,
un mal día,
a su imagen diseñaron.

He perdido la esperanza,
me ha consumido la fe por castigo
y, por confiar,
en nada ni en nadie confío.

Quizá haya un hombre,
probablemente diez;
acaso hasta cien
en los que creer.

Pero no es suficiente,
hacen falta miles...,
millones.
No quiero equivocarme,
serán necesarios
miles de millones.

Ya no creo en ideales,
en quimeras o entelequias,
la línea que hemos trazado
muestra cercano el ocaso,
el final de una tregua,
dádiva generosa
de nuestra amada Tierra,
herida, agonizante,
ya casi muerta.

Temerosa de lobos y hienas,
vomita en pedazos
sus propias vísceras,
rehuyendo el retorno
al fallido origen de las cavernas.

[8 de septiembre de 2019]

LIBERTADES QUE MUTILAN LA PALABRA
Y PERMITEN LA BLASFEMIA

Pues, entonces,
recitaré en las sombras
para la mugre de mi garganta;
evitaré el sonido
que, al atravesar mis labios,
quebranta.
No porque duela,
sino porque al salir mi voz
surgirá un decrépito plañido
y, con él,
se perderá en el aire
mi única esperanza.

Ya las palabras no sirven
en el país de los sordos,
ya las palabras regresan
a esconderse bajo el lodo.

Y aquellas que hieren
escupidas con desprecio,
permitidas sin condena ni castigo,
enardecen y embrutecen al pueblo,
en un rincón oprimido.

Pero, en la impronta marcada
con la tinta de los poetas
en el vuelo de los aleros,
aferrados,
anidarán mil versos de nuevo
y en los flancos de la vereda

crecerán palabras de aliento
como largas noches de invierno,
como la hiedra crece
trepando altiva y sin miedo.

[5 de diciembre de 2019]

PRETENCIOSO Y PREPOTENTE

La pandemia por escusa
para un nefasto control;
un drama por la pésima gestión.

Un virus armado con pólvora y sal
navega en los ríos hasta desembocar.
La sal intoxica y al alma enferma,
la pólvora infecta
y ejecuta estallando
contra la roca y la arena.

A merced de los vientos malignos
y desalmados astros celestes,
ególatras engreídos
paciendo en sus credos divinos,
en un alarde pretencioso,
en lugar de calmar los mares,
deciden en sus dominios
invocar resacas..., mareas
y alzar gigantes remolinos
levantando con furia las olas,
removiendo hasta los fondos marinos.

Inocente, una gota en el hondo abismal
hasta la superficie, incauta,
se deja llevar,
ignora la fuerza que la empuja a saltar
y erguida en el aire,
y sin marcha atrás,
encrespada se estrella y detona en la roca,
y muerta cae... o evapora.

Y en un ciclo infinito y viral,
machacón y redundante,
agonizan gota... tras gota...
hasta que no quede mar.

Entre rejas que el poder me ha marcado
exigen de mi hogar la prisión,
y exento de toda condena
quieren que purgue una pena
sin justicia... ni juez... ni sentencia,
sin indulto..., sin perdón.

Quieren que sepa que soy una gota
directa hacia la roca.

[5 de abril de 2020]

FÁBRICA DE MARIONETAS

Narcisista y miserable, miró al lobo.
Y este leyó en su mirada,
y asintió,
y abrió el lobo su enorme boca,
y deslizó su lengua,
que ahora extiende como alfombra
acolchada y luenga,
trilera y traicionera
cual mantis camuflada,
teñida en tres franjas:
roja y amarilla
y una tal morada.

De jarabe embadurnados,
cuatro sables jubilosos
custodian,
uno a cada lado,
tanto por arriba
como por debajo.

Al olor de la melaza
acuden las obreras
y detrás siguen los zánganos
y, por último,
a su suerte abandonan
a la reina sus soldados.

Fuerza el lobo los resortes
que doblegan las quijadas,
abriéndolas más aún si cabe
y, así, posar sobre su chepa
las orejas puntiagudas
y su grasienta coleta.

Todos cruzan por la alfombra,
todos prueban la melaza
y, tras pasar por la garganta,
brota de las ubres de la chepa
una pócima infestada
de mentiras y de inquina
que sorbe la muchedumbre
ya casi *amonchonada*,[7]
inconsciente y sometida,
cautiva entre los jugos
de esa indigesta barriga.
Pero, complacida,
en la indigencia sumergida.

[26 de septiembre de 2020]

---

7 *Amonchonada* (localismo): aturdida, amodorrada, alelada, atolondrada, adormecida...

Me pareció ver una alhaja

Encontré una presea

(pensaba yo).

Brillaba
cuando intuía que la miraba.
Y, así como ella advertía
que yo entre laureles sobrevolaba

(eso creía),

ese fulgor que me atrapaba
oscurecía
y se transformaba,
dejándome ver
su condición moral vaciada.

¡Dañina e hipócrita!
Falsa alhaja, aciaga,
descubrí tu engaño
y perdiste tu encanto.

Desenmascarada,
ya no lucía
y yo no sabía qué hacer:
si lo callaba
y mantener esa venda tupida
o, defraudado,
acercarla frente a mis ojos
en la claridad del día
y, al verse en ellos delatada,
dejar que se avergonzara.

[8 de diciembre de 2019]

IV

Tienes toda la fuerza
que emerge en la primavera,
eres la flor que brota
sin esperar que llueva.

[Mayo de 2018]

En el fragor del duelo

A mi abuela

Esencia de incienso y mirra
y rocío de agua bendita
para el penúltimo viaje
que llevará hasta la cripta.

Enlazados por un sentimiento,
elevan la caja
donde reposa la anciana,
donde yace vestida con la mortaja.

—Seis fueron los hombros,
seis quienes la portaban
en la quietud de la tarde
sepulcral y enmudecida,
solo rasgada por la estridencia
de unos sollozos
cuyas lágrimas agotadas
ya no brotaban—.

Lento y fúnebre..., y taciturno el paso.
Brazos firmes y encadenados.
Rostros circunspectos..., desencajados.
Arcón sellado... hacia el ocaso.

Riguroso silencio reina en la plaza
y, así como la noche aparta
al salir la primera luz del alba,
la hierática muchedumbre
abre un sendero entre los flancos
conforme el féretro avanza.

Al sepelio ha venido
antes de despedirse
y, tras las maltrechas columnas
de los viejos pórticos,
muestra impreso su duelo
en la tenue luz de las penumbras
un sol entristecido.

Angosta y umbría
y, en su habitual soledad,
fría.
Es la calle de los muertos
larga y harpía.
Con respeto, abre melancólica
su claraboya sombría.

En la bóveda de los cielos
ya no reinará la noche;
en un aposento cenital
destacan blancos sus cabellos,
relucientes más que la plata,
más que el más radiante de los luceros.

[24 de mayo de 2019]

No es tan fácil

Sigue lloviendo en las calles.
Persistente letanía golpea en tu frente
arrastrando el sudor que penetra y escuece
cada vez que tus ojos llorosos
parpadean
mientras permaneces inerte.

No esperes más,
hunde los pies en el barro,
inhala su olor
de humedad y de barro,
de angustia y de barro,
de impotencia y de barro,
de soledad...

Y acércate,
¡acércate de una vez!
Inicia el salto tentador
y vuela.

Es fácil.

Desciende,
siente el vértigo al abismar.

Caerás,
sin fondo que amortigüe,
sin dejar de caer.

No volverás.

¡Piensa, entonces!

Antes de pisar el lodo,
presagio de un mar que perece,
respira y decide el rumbo.
Camina hasta donde la hierba crece.
Y surca
como lo hace el velero,
dejándose llevar por la corriente
que presta el viento.

¡Escúchame!
Navega sin miedo
hasta asir fuertemente el espacio
que define entre alba y ocaso
su fantástico lucero.

[Esa es mi esperanza, envuelta en desosiego.
22 de septiembre de 2019.]

RECUERDOS QUE HIEREN LA SOLEDAD

Frente a la alacena colgaba una foto.
De una escarpia colgaba.
En blanco y negro
en la pared contrastaba.

Salió de la alcoba,
primera línea de fuego
donde el pesar embiste y horada,
donde, en su soledad,
un rosario de lastimado llanto
abrasa los surcos de sus mejillas
y recoge impotente su almohada,
dejando en su extremo impregnados
dos nombres
en hilo bordados.

Salió ojerosa y demacrada,
respirando el aroma
de la efímera tregua que ofrece el descansillo
y que pone fin cuando empuja
con acostumbrada maña
la vetusta hoja de haya,
embebida en sedienta humedad,
que a veces se ensaña
pretendiendo impedirle el acceso
hasta el silente,
largo y voluntario enclaustro
donde le aguarda colgada,
en blanco y negro,
de una escarpia oxidada.

[27 de octubre de 2019]

SABOR A SANGRE

La sombra que arroja la rapaz en su vuelo
infunde, en su cercanía a la presa,
el hedor a miedo.
Si mira hacia el cielo,
muere.
Si huye a través de sinuosos recovecos,
más pronto que tarde
la sombra se posará en su lecho
y sus garras invisibles
se extenderán hasta apresarle
para aplacar
solo parte de su hambre.

Así que,
aunque hoy te cobijes bajo la negación ignorante,
no gastes tus fuerzas en hallar la salida
cuando tienes perdido el embate.

No te engañes,
percibe el sabor amargo de la verdad
que tu linfa arrastra y esparce
al discurrir por el torrente de sangre.

Prepara, pues, a eso del amanecer,
para este viaje tu despedida,
porque
de las artes que maneja el arquero
estás en su punto de mira.

Si alzas los ojos,
verás acercarse la flecha
ansiando, de tu mortal herida,
hacer su camino certero,
enajenando tu última partida.

Contigo comparte tu atroz desespero
quien anhela ser la piel de tu cuerpo,
pero es imposible que entienda,
por más que te quiera,
el grado sumo de tu sufrimiento.
¿No es eso cierto?

Ves que tu vida...
vuela,
se esfuma sin comprenderlo.
Empatizar con tu duelo
únicamente es posible
a quien, como tú,
se quiebra.

Solo quien te quiere te arropa
sin rehuir la atención que merece
tu dignidad desvalida,
sin que tu intimidad se violente.

Pero es imposible que entienda,
por más que te quiera,
el grado sumo de tu sufrimiento.
¿No es eso cierto?

[21 de diciembre de 2019]

ETERNO DUELO

No del todo inerte
albergaba el polvo en su vientre
primigenio tesoro durmiente.

En la inmensa inmensidad
de este infinito espacio,
una extraña circunstancia
tuvo lugar:
Vida y Muerte se apostaron
a ver quién podía más.

Irrumpió en apariencia
en el caos indefensa,
asomando en su sonrisa
ya incipiente una demencia.

La eternidad fue su ambición;
tal insolencia quedó abortada
porque en sus propias carnes portaba
inevitable una traición.

Antítesis devoradora
en sus entrañas acosa,
debiera ser imparcial,
pero es hambrienta y caprichosa.

En un duelo fratricida
las dos antagonistas se enfrentan,
pero no frente con frente,
una huye
en busca de más luz tras el horizonte;

la otra,
guardiana del hipogeo,
en una fría losa de piedra
donde la vida se pierde,
empuñando una guadaña
—esbirro fiel y obediente—,
sentada a oscuras espera,
allá,
a las faldas del horizonte.

[31 de diciembre de 2019]

NIEVE EN LA PRIMAVERA

Un crisol de sufrimientos
engulle lacerante y veleidosa,
tejida con arenas de cristal,
crisálida colmada
de amarga pócima dolosa.

Artificiosa primavera,
nace lenta
y crecer... cuesta.
Pero, nuevamente,
un sueño sobrevuela.

Y, a veces,
solo a veces,
la humedad tiñe la mirada
y pequeños surcos recuerdan
resquicios de unas heridas
y pasajes de honda tristeza.

[21 de marzo de 2020]

ÍNDICE